Das Leben verstehen – aus dem Blickwinkel Afrikas

Alexander Schweda und
Verena David (Hrsg.)

Die Fotos von
Bruder Bert Meyer SAC
erzählen von der Weisheit
einer anderen Kultur

Einen anderen Blickwinkel einnehmen

Das Leben verstehen – wer will das nicht? Wenn es mal wieder turbulent zugeht, im eigenen Leben und in der Welt. Wenn vieles undurchsichtig und verworren erscheint. Wenn so viele Fragezeichen am Horizont auftauchen.

Das Leben verstehen: Das wollen Menschen aller Kulturen auf der ganzen Erde. Sie haben Weisheiten formuliert und an Sprichwörtern gefeilt. Sie haben ihre Geschichten erfunden, ihre Wissenschaften entwickelt und ihre Bilder geformt.

Das Leben verstehen, das geht nie ganz umfassend, sondern immer unter einem bestimmten Blickwinkel. Eine ungewöhnliche Perspektive, eine unorthodoxe Betrachtungsweise eröffnet uns Erkenntnisse. Geschichten, Wissenschaft und Bilder nehmen immer eine konkrete Haltung und eine Perspektive ein und beleuchten so einen besonderen Aspekt. Das tun auch die Fotos von Pallottiner-Bruder Bert Meyer, dessen künstlerische Arbeit diesem Büchlein zugrunde liegt.

Die Bilder zeigen Situationen, Menschen und Landschaften hauptsächlich aus Malawi, wo Bruder Bert im Einsatz ist. Ihre Perspektiven wollen etwas einfangen, was über das rein Sichtbare hinausgeht, einen Eindruck, einen Gedanken, ein Gefühl, eine Stimmung, die uns dem Verstehen des Menschseines näher bringen.

Die dazu ausgewählten afrikanischen Weisheiten und Sprichworte sollen dabei die Fotos ergänzen. Vielleicht fangen sie assoziativ die fotografierte Situation ein, vielleicht spiegeln sie auch wider, was die porträtierte Person oder die Personen auf der Fotografie denken könnten.

Wie dem auch sei: Fotos und Texte laden dazu ein, dem Geheimnis des Menschseins auf die Spur zu kommen und es etwas besser zu verstehen. Dass dies durch die Brille und Sichtweise der afrikanischen Kultur geschieht, kann wie ein Prisma neue Farben und Muster im Auge des Betrachters entstehen lassen.

Lassen Sie sich daher faszinieren – von den Fotos, den Texten – und gehen Sie ein wenig mit auf die Reise, mit dem Ziel, das Leben besser zu verstehen.

Alexander Schweda

Benin

Du hast drei Freunde auf der Welt:
Mut, Verstand und Weisheit.

Aus dem Mund eines Kindes spricht seine Familie.

Die beste Zeit, einen Baum zu pflanzen,
war vor zwanzig Jahren.
Die nächstbeste Zeit ist jetzt.

DIRTY
AS USUAL

Wende dein Gesicht der Sonne zu,
dann fallen die Schatten hinter dich.

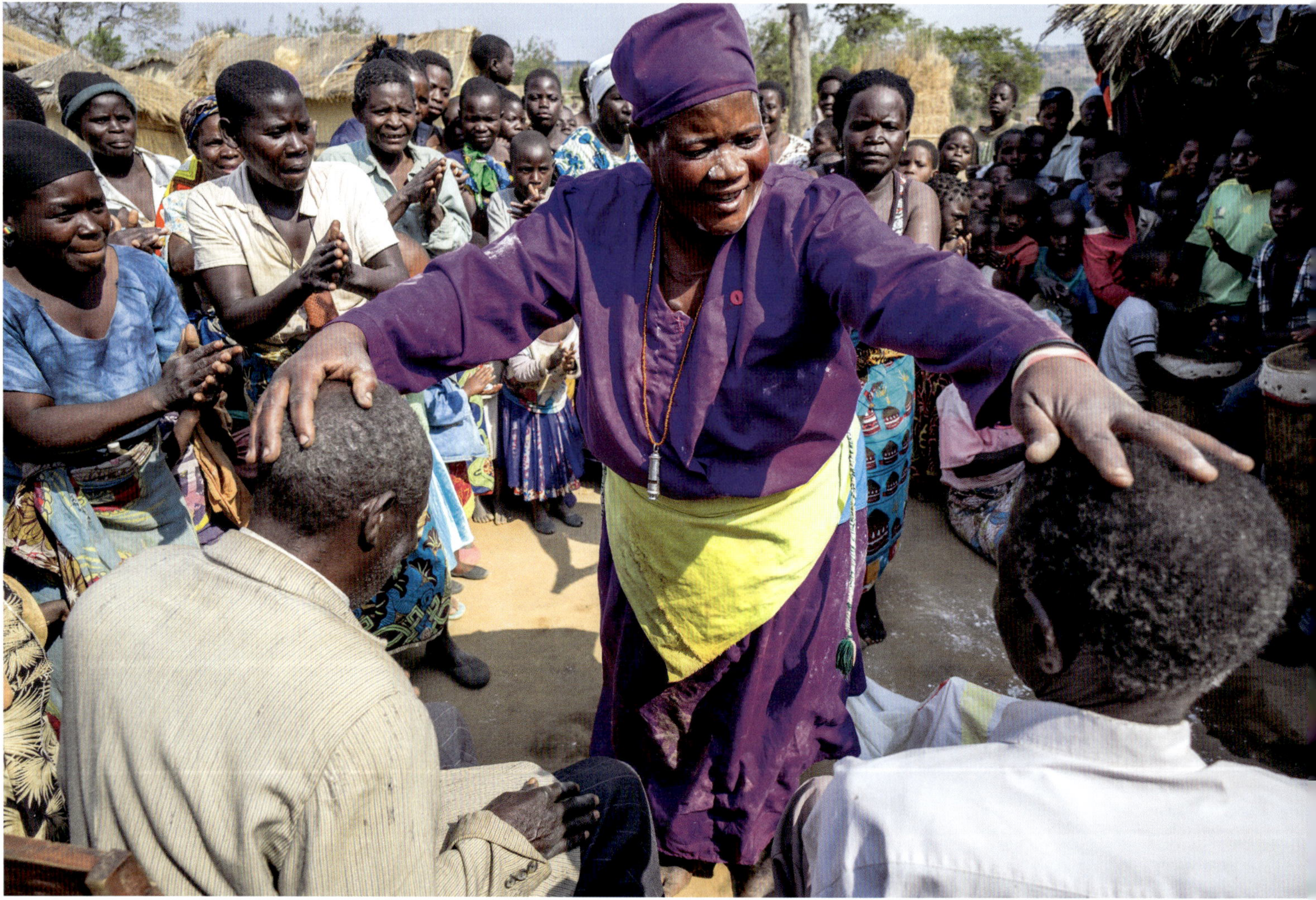

*Bringst du einer Person das Glück,
kommt es morgen zu dir.*

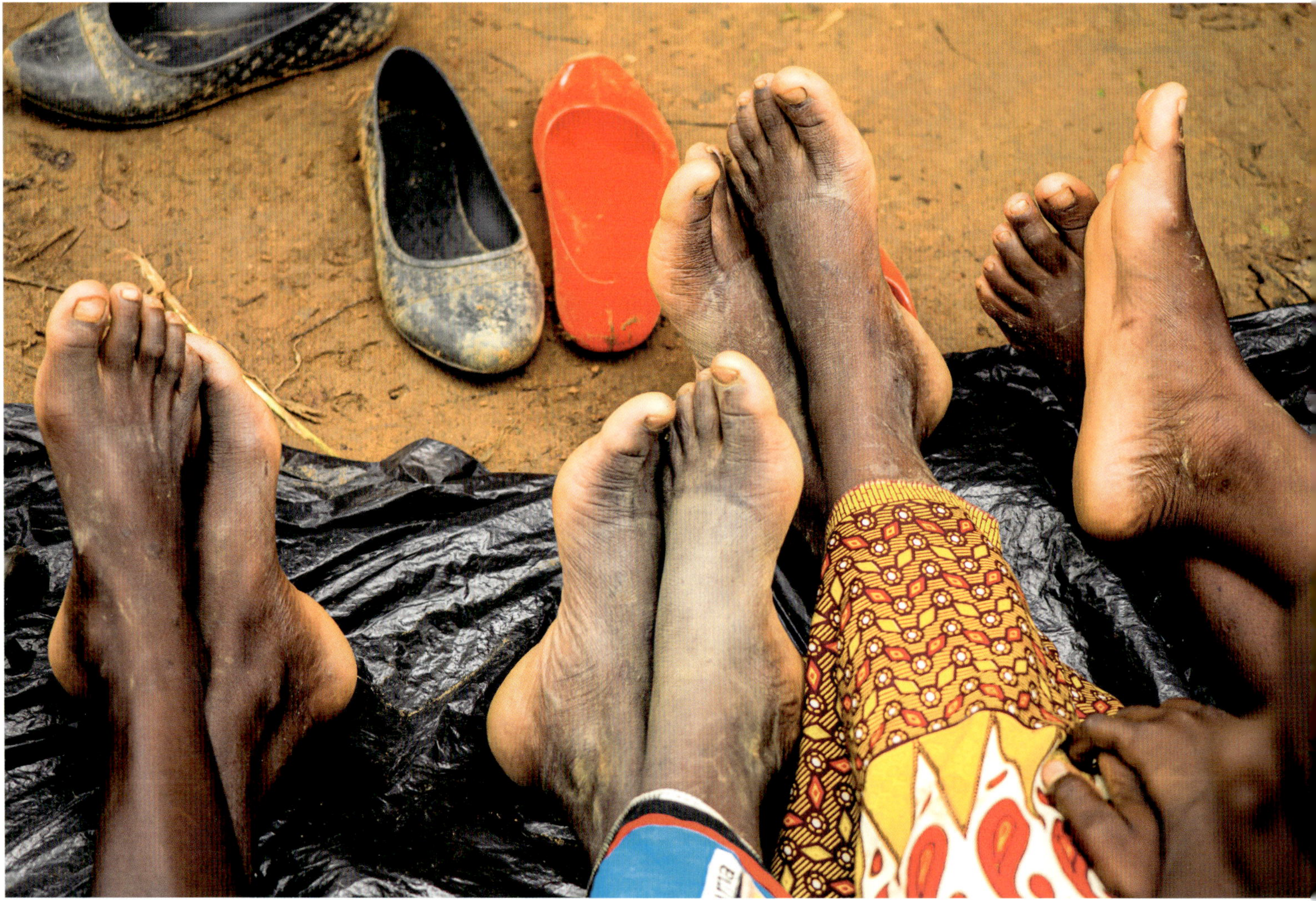

Gehe ich vor dir, dann weiß ich nicht,
ob ich dich auf den richtigen Weg bringe.

Gehst du vor mir, dann weiß ich nicht,
ob du mich auf den richtigen Weg bringst.

Gehe ich neben dir, werden wir gemeinsam
den richtigen Weg finden.

Malawi

Liebe heißt
alles zu sagen,
was im Herzen ist.

Senegal

Gott schuf das Meer,
wir das Schiff.

Gott schuf den Wind,
wir die Segel.

Gott schuf die Windstille,
wir die Ruder.

Sprichwort der Yoruba

Ohr, höre die andere Seite der Frage,
ehe du entscheidest.

Fehler sind wie Berge:
Man steht auf dem Gipfel seiner eigenen
und redet über die anderen.

Worte sind der Duft des Herzens.

Malawi

Verwandte sind
wie die Wurzeln eines Baumes,
sie laufen unter der Erde zusammen.

Wenn du schnell gehen willst, geh allein.
Aber wenn du weit gehen willst,
geh mit anderen.

Jedes Kind ist ein Zeichen der Hoffnung für diese Welt.

*Es ist besser, mit drei Sprüngen
zum Ziel zu kommen,
als sich mit einem das Bein
zu brechen.*

Die Spinne und die Weisheit

Ghana

Kwaku Ananse, das Spinnenmännchen, ärgerte sich schon seit vielen Jahren darüber, dass es unter den Menschen so viele weise Männer gab. Er beschloss deshalb, alle Weisheit zu sammeln. Zu diesem Zweck holte er sich aus seinem Hause einen großen Tonkrug; den gedachte er mit Weisheit anzufüllen.

Viele Jahre zog er durch die Lande und stellte Mensch und Tier die schwierigsten Fragen. Erhielt er eine kluge Antwort, so öffnete er schnell den Deckel seines Kruges und flüsterte sie zum Staunen seiner Zuhörer hinein. Als er endlich glaubte, alle Weisheit dieser Welt gesammelt zu haben, machte er sich auf den weiten Weg in die Heimat.

Da er fürchtete, man könnte ihm im Dorf seinen kostbaren Schatz stehlen, beschloss er, ihn im Wald zu verbergen.

„Wo verberge ich nur meinen Krug“, murmelte er vor sich hin und hielt Ausschau nach einem geeigneten Versteck. Schließlich entschied er sich für einen hohen Kazaurabaum, in dessen obersten Ästen er die Weisheit dieser Erde aufhängen wollte.

Er ergriff seinen Krug, band ihn sich mit Schlingpflanzen vor den Bauch und versuchte nun, an dem dicken Stamm emporzuklettern. Weil aber der Krug einen zu großen Umfang hatte, konnte er mit seinen Armen und Beinen die Rinde des Baumes nicht erreichen.

So mühte sich Kwaku Ananse drei Tage lang vergeblich, die gesammelte Weisheit in die luftige Höhe des alten Kazaurabaumes zu bringen. Schon unzählige Male war er auf den Rücken gefallen und hatte sich dabei die Haut aufgerissen. Trotz seiner Schmerzen kämpfte er verbissen weiter.

Während er wieder einmal auf dem Rücken lag und hilflos mit den Beinen in der Luft strampelte, kam ein Hase vorbei und beobachtete das Treiben Kwaku Ananses. Als er endlich wieder auf den Füssen stand, versuchte er wohl zum tausendsten Mal, sein Ziel zu erreichen.

Der Hase war ein gutmütiger Kerl, und so beschloss er, dem sich abmühenden Freund zu helfen.

„Guten Abend, Kwaku Ananse", sagte er freundlich. Bei diesen Worten schrak Kwaku Ananse so heftig zusammen, dass er wieder auf den Rücken fiel. Der Hase sprang schnell herbei und befreite den armen Kwaku aus seiner hilflosen Lage.

„Was hast du denn in deinem Krug?",
fragte er ihn.

„Das kann ich dir nicht verraten", erwiderte Kwaku Ananse. „Wenn ich dir die Wahrheit sage, müssen wir beide auf der Stelle sterben."

„Nun, dann will ich dieses Geheimnis nicht wissen. Ich habe dir eine Zeitlang zugesehen, wie du dich vergeblich abgemüht hast, deinen bauchigen Krug auf den Baum zu bringen. Wäre es nicht einfacher, wenn du dir das Gefäß auf deinen Rücken bändest?"

„Was sagst du da?", schrie Kwaku Ananse. „Ich dachte, ich hätte alle Weisheit dieser Welt in meinem Krug eingefangen, und jetzt sehe ich, dass es immer noch klügere Leute als mich gibt."

Bei diesen Worten riss er sich seine schwere Last vom Bauch und schleuderte sie mit solcher Gewalt an den Kazaurabaum, dass der Krug in tausend Scherben zersprang.

„Nun mag die Weisheit in alle Welt entfleuchen", schimpfte er und stapfte durch das hohe Gras nach Hause.

Afrikanisches Märchen

Quelle: www.hekaya.de / www.westafrikaportal.de

13 March, 2017.
ATTENDANCE
BOYS: 15
GIRLS: 17
TOTAL: 32
TIME TABLE

Sprichwort aus Gabun

Lege das Ruder erst dann nieder,
wenn das Boot an Land ist.

Burkina Faso

Der Wert eines Menschen
misst sich am Glück,
das er im Leben anderer bringt.

Freundliche Worte sind leicht,
Freundschaft ist schwer.

YA AMEEN

*Auch wenn er sich mit Staub beschmutzt hat,
trägt er noch Lieder in sich.*

OFFICIAL

Sprichwort der Peulh

Zwar hat der Mensch zwei Beine,
doch kann er nur einen Weg gehen.

Malawi

Das, was kommt,
schlägt nicht die Trommel.

OUR LADY - QUEEN OF AFRICA

Malawi

Wenn die Sonne scheint,
sonne dich darin.

Liberia

Das Herz
der weisen
Menschen
liegt ruhig
wie klares
Wasser.

Sprichwort auf Swahili

Ein Boot kommt nicht voran,
wenn jeder auf seine Art rudert.

Träumen heißt:
durch den Horizont blicken.

Was die Ebbe mitnimmt,
bringt die Flut wieder.

Sprichwort der Tuareg

Wenn man den Weg verliert,
lernt man ihn kennen.

Es gibt Glückspilze,
die fallen
zwar auf die Nase,
aber sie finden dabei noch etwas.

Sprichwort der Tuareg

Alles, was wir tun,
wird ein Teil von uns.

Madagaskar

Die Menschen sind
wie Pflanzen im Wind:

Sie beugen sich und
erheben sich wieder.

Der Mensch im Fokus

Bruder Bert Meyers Leidenschaft fürs Fotografieren begann Mitte der 90er Jahre im zentralafrikanischen Kamerun. Seine Arbeit ist sehr stark von seinen Erfahrungen in Afrika inspiriert.

Bert Meyer ist Pallottiner. Aber er ist auch Künstler. Als ehemaliger Missionssekretär ist sein Arbeitsgebiet zurzeit Malawi. Dort kümmert er sich um den Aufbau der Niederlassungen. Er ist aber auch als leidenschaftlicher und künstlerischer Fotograf unterwegs. Dabei ist er keiner, der Bilder knipst, eher einer, der Menschen und Geschichten findet, festhält und bewahrt.

Am liebsten macht er das mit seiner Leica-M-Kamera, auf die er stolz ist. Damit kann nicht jeder fotografieren. Damit entstehen jedoch besonders magische Momentaufnahmen. Von der Leica M-D mit einem Weitwinkelobjektiv, dem Elmar-M f3,8/24 mm ASPH, ist Bruder Bert begeistert, da beide für Reportagen und Reisefotografie bestens geeignet sind.

Mit dieser Leidenschaft für Messsucherkameras ist er nicht allein. Für die Leica Fotografie gibt es ein weltweites Forum und die Zeitschrift „Leica Fotografie International“, die seit 70 Jahren über Technik und Fotografen berichtet und die besten Fotografien abdruckt. In der Reihe „LIGHTBOX-BEST OF LFI.GALLERIE“ wurde nun auch eines seiner Bilder auf einer Doppelseite „geadelt“.
In seinem Blog schrieb er dazu aus Lilongwe:

„Ich muss das einfach mal erzählen, weil's mich freut! Gestern hat Leica Fotografie International in ihrer neuesten Ausgabe (1/2018) ein Bild von mir veröffentlicht. Wow. Vielen Dank an das LFI-Team in Hamburg! Das LFI-Magazin gibt es an jedem größeren Kiosk oder im Internet zu kaufen. Mein Leben hat mich in den vergangenen Jahren immer wieder nach Afrika und Indien geführt. Ich bin dort vielen Menschen begegnet und wurde durch viele Erfahrungen bereichert. Aktuell lebe ich in Malawi und bin dort auf den Straßen und Pisten unterwegs."

Fotos von Bruder Bert Meyer SAC
https://bertmeyer.photography/

Seine Bilder erzählen Geschichten von Menschen

Bruder Bert, Jahrgang 1970, ist, was das Fotografieren angeht, Autodidakt. Er wuchs in Deutschland auf und lernte dort den Beruf des Schreiners, bevor er 1991 seine erste Profess bei den Pallottinern ablegte. Seine Leidenschaft zur Fotografie begann Mitte der 90er Jahre im zentralafrikanischen Kamerun. Er erzählt in seinem Blog und auch in seinem Foto-Blog immer wieder kleine Geschichten zu seinen Bildern. Die „Photo-Story" zur fotografierten

Wohnecke in einem kleinen Haus in Indien erzählt Bruder Bert folgendermaßen:

„Meine Reise führte mich nach Indien in die Gegend von Indore. In einem kleinen Dorf mit dem Namen Dabhi habe ich Christen besucht und mein Wunsch war es, einen ganzen Tag und eine Nacht mit ihnen zu verbringen. Später am Abend wurde ich schließlich in eine kleine Zweizimmerwohnung zum Abendessen geführt. Nicht nur die Hühner schliefen bereits, auch eine junge Mutter mit ihrem Kind hatte sich dort zum Schlafen gelegt. Während wir auf beengtem Raum aßen, hatte ich Zeit zu fragen, ob ich das Foto machen dürfte, und bereitete die Kamera dafür vor. Das Bild war beim Hinausgehen schnell gemacht. Beeindruckt war ich davon, wie liebevoll die Menschen mit ihren Tieren umgehen. Ich erinnere mich noch gut an die Gespräche mit den Jugendlichen über Filme und Stars aus Bollywood, an den jungen Wasserbüffel mit der wärmenden Decke unter dem Vordach neben meinem Bett und den heißen Tee der Großmutter am frühen Morgen. Die Begegnungen im Dorf gaben mir das Gefühl von Heimat oder daheim zu sein. Eine schöne Erfahrung, an die ich gerne zurückdenke.“

Das Bild ist die Botschaft

Bruder Berts Bilder tragen auch ohne Bildbeschreibung eine Botschaft in sich. In manchen Bildern können wir nachempfinden, was der Fotograf wohl gefühlt und gedacht hat, als er den Augenblick für uns festgehalten hat. Wir sehen die Welt dann – für einen kurzen Augenblick – mit den Augen eines Missionars, der Gott und die Menschen liebt und sein Leben dem Nächsten und dem Dienst für eine bessere Welt verschrieben hat.

Josef Eberhard

Dieser Titel ist auch als eBook erhältlich
ISBN 978-3-87614-143-5

Sie finden uns im Internet unter www.pallotti-verlag.de

Bibliografische Informationen der Deutschen Nationalbibliothek
Die Deutsche Nationalbibliothek verzeichnet diese Publikation in der Deutschen Nationalbibliografie; detaillierte bibliografische Daten sind im Internet über http://dnb.d-nb.de abrufbar.

Klimaneutral gedruckt auf umweltschonend produziertem Papier – ein kleiner Beitrag zur Bewahrung der Schöpfung.

Printed in Germany

ISBN 978-3-87614-142-8 (Print)

Verlag: © Pallotti Verlag 2021
86316 Friedberg (Bay.)

Autor: Alexander Schweda und
Verena David (Hrsg.)

Fotos: Alle Br. Bert Meyer SAC, bis auf:
S. 16–17, 48–49: adobe.stock.com – Marina Zlochin; Umschlag und S. 64: adobe.stock.com – hibrida

Gesamtherstellung: FRIENDS Menschen Marken Medien
Zeuggasse 7–9, 86150 Augsburg
www.friends.ag